CONGRÈS DE LA SOCIÉTÉ D'ÉCONOMIE SOCIALE

L'ORGANISATION DU TRAVAIL

D'APRÈS F. LE PLAY

ET LE MOUVEMENT SOCIAL CONTEMPORAIN

PRÉCÉDÉ D'UN AVANT-PROPOS

SUR

LE PAPE LÉON XIII ET LA QUESTION SOCIALE

PAR

M. Claudio JANNET

Professeur à l'Institut catholique de Paris.

Extrait de la *RÉFORME SOCIALE*

PARIS

AU SECRÉTARIAT DE LA SOCIÉTÉ D'ÉCONOMIE SOCIALE

174, BOULEVARD SAINT-GERMAIN, 174

1890

L'ORGANISATION DU TRAVAIL

D'APRÈS F. LE PLAY

ET LE MOUVEMENT SOCIAL CONTEMPORAIN

PRÉCÉDÉ D'UN AVANT-PROPOS

SUR

LE PAPE LÉON XIII ET LA QUESTION SOCIALE

PAR

M. Claudio JANNET

Professeur à l'Institut catholique de Paris.

Extrait de la *RÉFORME SOCIALE*

PARIS

AU SECRÉTARIAT DE LA SOCIÉTÉ D'ÉCONOMIE SOCIALE

174, BOULEVARD SAINT-GERMAIN, 174

1890

AVANT-PROPOS

Les augustes enseignements de Léon XIII viennent de montrer à tous qu'il n'est point de remède aux souffrances de nos sociétés désorganisées en dehors du fidèle accomplissement du devoir. Ils recommandent ainsi les questions sociales à la sollicitude des évêques, et encouragent dans le clergé l'étude de ces graves problèmes. Personne en effet mieux que ces gardiens et ces interprètes ici-bas de la loi morale ne peut avec plus de suite et d'efficacité rappeler aux représentants des diverses classes les pratiques spéciales qui pourraient, conformément aux coutumes des peuples prospères et aux enseignements divins, ramener la paix dans es foyers, dans les ateliers et dans la société. Pour reconquérir une telle influence, si nécessaire à l'accomplissement de leur mission divine, il ne suffit pas aux membres du clergé de eonsacrer leur vie à l'étude de la théologie ou des autres sciences sacrées. Il faut de plus qu'ils se mettent au premier rang de ceux que préoccupent la condition matérielle aussi bien que morale des classes déshéritées et les rapports qui les lient aux classes responsables. Or pour réussir dans cette voie, au double point de vue scientifique et pratique, c'est avant tout l'expérience du passé et l'observation du présent qu'il faut interroger dans les faits. Comme le disait l'illustre cardinal Lavigerie dans une lettre qu'il adressait à Le Play mourant : « Les impies de ce temps sont positivistes, ou du moins ils se disent tels, car ils ne sont le plus souvent que superficiels et emportés. Nous, nous devons être vraiment positivistes à votre exemple, en constatant rigoureusement les faits qui sont à notre portée, en en fixant les lois et en ramenant ainsi la raison humaine dans les sentiers de la vérité et par suite de la foi (1) ».

La *Réforme sociale*, pour répondre a ces vues, croit utile de largement faire connaître le discours prononcé à la clôture du congrès d'économie sociale de 1889 par M. Claudio Jannet, professeur à la Faculté catholique de droit à Paris, sur l'*Organisation du travail d'après Le Play et le mouvement social contemporain*.

(1) Lettre du 4 avril 1882 (*Réforme sociale*, 1re série, t. III, p. 427).

Avant de laisser la parole à l'éminent orateur, qu'il nous soit permis seulement, pour ajouter plus de force et d'autorité au magistral exposé qu'il a fait des doctrines de Le Play et de son école sur l'organisation du travail, de citer les passages essentiels de l'admirable discours que nous visions en commençant et qu'adressait récemment S. S. le pape Léon XIII à un pèlerinage d'ouvriers français que lui conduisait l'Œuvre des cercles catholiques.

M. Jannet en a extrait (Voir ci-après, p. 17) un enseignement très caractéristique sur les conditions dans lesquelles de nouvelles associations d'arts et métiers pourraient être bienfaisantes. Voici, à un point de vue plus général, comment Léon XIII indique aux diverses classes de la société leurs devoirs respectifs et l'influence que pourrait avoir leur accomplissement pour le retour à la paix sociale :

« ..... Non, le remède n'est ni dans les projets et les agissements pervers et subversifs des uns, ni dans les théories séduisantes, mais erronées, des autres ; *il est tout entier dans le fidèle accomplissement des devoirs qui incombent à toutes les classes de la société*, dans le respect et la sauvegarde des fonctions et des attributions propres à chacune d'elles en particulier. Ces vérités et ces devoirs, l'Église a la mission de les proclamer hautement et de les inculquer à tous.

« Aux classes dirigeantes, *il faut un cœur et des entrailles pour ceux qui gagnent leur pain à la sueur de leur front : il leur faut mettre un frein à ce désir insatiable des richesses, du luxe et des plaisirs, qui, en bas comme en haut, ne cesse de se propager de plus en plus.* A tous les degrés, en effet, on a soif de jouissances ; et comme il n'est pas accordé à tous d'y donner satisfaction, il en résulte un malaise immense et des mécontentements, qui auront pour résultat la révolte et l'insurrection en permanence.

« Aux détenteurs du pouvoir, il incombe, avant toutes choses, de se pénétrer de cette vérité, que, pour conjurer le péril qui menace la société, ni les lois humaines, ni la répression des juges, ni les armes des soldats ne sauraient suffire ; ce qui importe par-dessus tout, ce qui est indispensable, c'est qu'on laisse à l'Église la liberté de ressusciter dans les âmes les préceptes divins et d'étendre sur toutes les classes de la société sa salutaire influence ; c'est que, moyennant des règlements et des mesures sages et équitables, on garantisse les intérêts des classes laborieuses, *on protège le jeune âge, la faiblesse et la mission toute domestique de la femme, le droit et le devoir du repos du dimanche*, et que, par là, on favorise dans les familles, comme dans les individus, la pureté des mœurs, les habitudes d'une vie ordonnée et chrétienne. Le bien public, non moins que la justice et le droit naturel, réclame qu'il en soit ainsi.

« Aux patrons, il est prescrit de *considérer l'ouvrier comme un frère, d'adoucir son sort dans la limite possible et par des conditions équitables*, de veiller sur ses intérêts tant spirituels que corporels, de l'édifier par le bon exemple d'une vie chrétienne, et surtout de *ne se départir jamais, à son égard et à son détriment, des règles de l'équité et de la justice, en visant à des profits et à des gains rapides et disproportionnés.*

« A vous, enfin, mes chers fils, et à tous ceux de votre condition, il revient de mener toujours une conduite digne de louange par la pratique fidèle de vos devoirs religieux, domestiques et sociaux. Vous nous avez déclaré tout à l'heure, et cela nous a grandement réjoui, que c'est votre volonté formelle *de vous soumettre avec résignation au travail et à ses pénibles conséquences, de vous montrer toujours paisibles et respectueux envers vos patrons*, dont la mission est de vous procurer de l'ouvrage et de l'organiser, de vous abstenir de tout acte capable de troubler l'ordre et la tranquillité..... »

On reconnaîtra qu'il ne saurait y avoir analogie plus complète entre les grandes lignes de cet enseignement d'une inspiration morale si élevée, et les conclusions de la science sociale telles que les résumait à notre congrès de juin, d'après F. Le Play, un de ses meilleurs disciples, à son tour devenu un maître original et autorisé. Si, d'autre part, on veut bien se rappeler que de plus en plus l'expérience des faits et les progrès de la méthode détachent les esprits des illusions ou des erreurs qui à la fin du siècle dernier avaient envahi les sciences économiques, si l'on remarque dans les milieux intellectuels non moins que dans ceux adonnés aux œuvres de bien public, la faveur chaque jour plus accentuée qui accueille les travaux d'économie sociale, et la diffusion sans cesse grandissante de ces travaux ou de leurs applications, on ne s'étonnera pas de nous voir trouver dans d'aussi heureuses constatations un encouragement précieux à marcher dans la voie que nous a tracée notre illustre fondateur, et un motif de sérieuse espérance pour le relèvement du pays que pénètrent de plus en plus des enseignements aussi salutaires. Il est un terrain au moins sur lequel on entrevoit dès à présent une union possible et durable entre les honnêtes gens de tous les partis, entre les esprits éclairés de toutes les écoles scientifiques et religieuses, dont les divergences iront en s'atténuant de plus en plus. Ce terrain, c'est celui du dévouement à la paix sociale, guidé par une notion plus exacte des devoirs de chacun et de tous, c'est le renoncement aux vues décevantes de l'esprit d'utopie pour en revenir en matière sociale à l'application des principes très vieux, mais aussi très oubliés qu'un observateur puissant a su remettre en pleine lumière, et que vient de confirmer avec une rare précision la plus haute autorité du monde moral.

(Note de la Rédaction de la *Réforme sociale*.)

L'ORGANISATION DU TRAVAIL D'APRÈS F. LE PLAY

ET LE MOUVEMENT SOCIAL CONTEMPORAIN

DISCOURS PRONONCÉ LE 19 JUIN 1889 A LA SÉANCE DE
CLOTURE DU CONGRÈS D'ÉCONOMIE SOCIALE

Mesdames, Messieurs, la date du Centenaire a donné aux travaux
de notre assemblée générale annuelle une importance exceptionnelle. Tous les esprits réfléchis éprouvent, en effet, une double
préoccupation : on cherche à se faire une idée juste sur la valeur
des principes nouveaux qui ont présidé au développement de notre
société depuis cent ans, et en même temps on voudrait prévoir
quelle sera, au point de vue social, la marche du siècle qui s'ouvre.
Or, il se trouve que Le Play a commencé précisément ses travaux
d'observation au milieu de ce siècle qui vient de finir. Dès 1829, il
nous le raconte lui-même dans son admirable autobiographie, il
commençait à étudier les phénomènes sociaux qui se déroulaient
sous ses yeux. C'est en 1855 que Le Play a publié ses premiers
écrits : il y a de cela trente-quatre ans, ce qui représente la durée
d'une génération. Le Play a non seulement agi sur ses contemporains ; mais encore toute une génération, celle à laquelle j'appar-
tiens, s'est élevée sous l'influence plus ou moins complètement
acceptée de ses idées.

Il me semble donc répondre à vos préoccupations, au moment où
cette assemblée va finir, en recherchant comment les faits qui se
sont déroulés sous nos yeux, dans ces dernières années, ont vérifié
les idées fondamentales de Le Play, et, en second lieu, en nous
demandant quelle direction pratique l'œuvre de notre illustre
maître nous donne pour la solution des nouveaux problèmes que
le mouvement social dans sa marche pose devant nous.

I

Quand Le Play arriva à la vie, il se trouva au milieu d'une société
profondément divisée sur l'appréciation des prodigieux change-
ments qui s'étaient opérés dans le monde. En même temps que la
révolution politique poursuivait son cours, que 1793 et la banque-

route des assignats succédaient à 1789, que l'épopée napoléonienne portait nos drapeaux victorieux sur toute l'Europe et finissait par deux invasions, en même temps que ces grands événements se déroulaient, les métiers mécaniques, la vapeur, l'utilisation de la houille transformaient profondément les conditions d'existence matérielle des populations. Ce qui caractérise, en effet, le commencement du siècle que nous venons de parcourir, c'est la marche parallèle de la révolution politique et de la transformation économique. Or, quand Le Play commença à étudier la société, il se trouva en présence, à la fois, d'adversaires systématiques et de partisans fanatiques de tout le mouvement qui s'était déroulé devant eux.

Le Play, esprit essentiellement original, prit résolument son parti; il ne se rangea ni dans l'un ni dans l'autre camp. Le Play n'a jamais médit des progrès scientifiques; il était de ceux, au contraire, qui ont pris une large part à leur développement. Il a fait, par ses travaux personnels, grandement avancer la science métallurgique qui a joué un rôle si important dans l'industrie contemporaine. Comme commissaire général aux Expositions de 1852, 1855, 1867, Le Play a contribué puissamment à mettre le monde à même de constater les immenses progrès matériels qui avaient été réalisés.

Nous nous trouvons en présence, aujourd'hui, d'une exposition qui est un triomphe, au point de vue de l'industrie nationale, et du génie scientifique français. Elle met surtout en relief le rôle capital que la houille et le fer jouent dans l'industrie moderne. L'on peut dire de notre Exposition qu'elle est le triomphe du fer, du fer qui transforme les conditions pratiques des constructions, du fer qui semble annoncer un art architectural nouveau, du fer qui apparaît avec toute sa puissance jusque dans cette artillerie française, elle aussi une gloire du génie industriel national et en même temps la suprême espérance de la patrie! (*Vifs applaudissements.*)

Mais tandis que Le Play contribuait à faire avancer le progrès scientifique contemporain, il constatait que le progrès moral n'avait pas marché du même pas. La société moderne est, dans tous les pays, profondément troublée. Le trouble porte précisément sur ces relations journalières du travail qui, au lieu de rapprocher les différentes classes, comme elles le devraient, trop souvent les divisent dans l'état actuel des faits, situation d'autant plus sérieuse que ce malaise moral coïncide avec des améliorations incontestables dans les conditions matérielles de vie des classes populaires. Non seulement ces classes sont beaucoup plus nombreuses qu'elles

n'étaient autrefois ; un nombre d'hommes beaucoup plus grand vit
sur le sol de notre Europe : les générations modernes ne connaissent
et ne connaîtront plus les disettes qui décimaient les générations
précédentes ; mais encore d'une manière générale, les travailleurs
sont beaucoup mieux pourvus qu'ils ne l'étaient autrefois sous le
rapport du vêtement et de la qualité de la nourriture. Malgré cela,
il y a des symptômes très fâcheux de l'état moral de notre société.
J'en trouvais récemment l'énumération dans un ouvrage de M. Bertheau, substitut du procureur général à Dijon, couronné l'an dernier
par l'Académie des sciences morales et politiques (1). M. Bertheau
n'est nullement un adversaire de l'état de choses qui prévaut actuellement ; c'est un magistrat en fonctions ; mais c'est un homme sincère qui constate avec toutes les statistiques certains phénomènes
qui prouvent trop l'affaiblissement de la moralité publique : l'énorme
accroissement des naissances naturelles, des infanticides, du liber-
tinage, des suicides, des divorces, le grand progrès de l'alcoolisme.
Ce sont là des faits incontestables et qui démontrent qu'une fraction
de la société est dans un véritable état de décadence morale.

Je dis une fraction de la société française, parce que le mal s'est
concentré surtout dans les agglomérations urbaines. Or ce triste
état de la moralité contemporaine se retrouve dans tous les pays
placés dans les mêmes conditions. Et, après avoir constaté l'affaibli-
sement de la moralité dans notre pays, je dois ajouter que Paris
n'a, sous ce rapport, aucune leçon à recevoir ni de Londres, ni de
Berlin, ni de New-York, ni de Chicago ; toutes les grandes villes du
monde en sont à peu près au même point. Il existe donc des
causes générales agissant dans tout le monde occidental qui pro-
duisent cette décadence morale correspondant à un état incontes-
table de progrès matériel. Ces causes sont, avant tout, la diminution
des croyances religieuses, le grand développement et la concentra-
tion des populations dans les agglomérations urbaines.

Cependant, il y a quelque chose de particulier à notre pays
qui s'ajoute à cette altération morale du monde occidental, c'est
l'instabilité politique. Nous sommes à notre vingt-cinquième constitution au bout de cent ans, et il est à chaque instant question de
a reviser. L'Exposition ne nous vaut pas, au point de vue social,
cette trève qui se produit toujours à l'époque du jour de l'an et qui
s'appelle le trève des confiseurs ! En même temps que soixante ou
soixante-dix congrès orthodoxes se réunissent au Trocadéro, nous
avons jusqu'à trois congrès socialistes.

(1) *L'Ouvrier. — La vie de famille, l'ouvrier logé chez lui, accession à la propriété,*
in-8°, Paris, 1889, Marescq aîné.

Du 24 au 31 juillet il doit y avoir deux grands congrès, l'un, de la fraction possibiliste, l'autre de la fraction blanquiste. Malgré leur rivalité l'un et l'autre soutiennent la doctrine de Karl Marx. Dans ces réunions on affirmera davantage la doctrine socialiste et l'on nouera des rapports permanents qui puissent reconstituer en quelque façon l'ancienne Internationale. L'armée qui veut la destruction de la société actuelle en est à refaire ses cadres, à se discipliner et elle profite précisément des grandes réunions de l'Exposition pour le faire (1). Déjà, il y a quelques jours, a eu lieu un autre congrès socialiste, le congrès agraire. Le congrès agraire, disait un journal de Paris, le *Matin*, est un congrès particulièrement modéré, ce sont des savants, on y voit entre autres, Henri George, l'écrivain américain, M. Flurscheim, l'industriel socialiste d'Allemagne, M. Toubeau, M. E. Simon... Or les membres du congrès agraire ont à l'unanimité déclaré que la propriété individuelle du sol doit disparaître et être remplacée par la propriété de la nation (2)! Après ces déclarations, ces messieurs ont eu au Grand-Hôtel un banquet, auquel ils sont allés en habit noir et qui a coûté, dit un journal, 2,000 francs. Ce n'en est pas moins là une réunion de véritables malfaiteurs intellectuels, comme Guizot appelait dans une circonstance mémorable Eugène Sue et Lamennais! (*Applaudissements.*)

Messieurs, en présence de cette situation qui est restée non seulement la même, mais qui s'est accentuée depuis que Le Play écrivait, il y a un grand intérêt à étudier dans les œuvres de notre illustre maître les causes du mal. Le Play les a signalées dès ses premiers écrits avec une netteté décisive; il a affirmé et démontré que si le progrès scientifique était constant, que si des progrès résultaient des découvertes faites incessamment par le génie humain, il n'y avait pas de découvertes à faire dans l'ordre moral, qu'il n'y avait à ce point de vue de progrès à réaliser qu'en restant

---

(1) V. ci-dessus, p. 315, le compte rendu sommaire de ces congrès.

(2) Au moment où nous revoyons les épreuves de ce discours, on nous met sous les yeux une brochure intitulée : *Congrès international pour la réforme agraire et sociale, compte rendu officiel*, librairie de la *Revue socialiste* qui donne après coup à ce congrès une physionomie assez différente des comptes rendus publiés au moment même par les journaux, notamment par l'*Egalité*.

Nous ne demandons pas mieux que de donner acte aux quelques Français qui s'étaient fait les introducteurs de Henri George de la position plus modérée qu'ils entendent prendre. Mais nous devons nous en tenir pour la portée réelle du Congrès à ce qui s'y est dit effectivement.

Nous avons été surpris de trouver dans un rapport à une des assemblées provinciales du mois de juin dernier un jeune orateur qualifier Henri George de *savant économiste* et s'appuyer à ce titre de son autorité devant des auditeurs qui ne pouvaient le contrôler. C'est un devoir de maintenir la démarcation entre le vrai et le faux et la distinction du bien et du mal.

fidèle aux principes sur lesquels la société humaine a reposé de tout temps : la religion, la famille, la propriété, le travail, le patronage. La véritable cause de la désorganisation de la société occidentale vient d'innovations qui ont fait rejeter ces vérités traditionnelles, et Le Play a flétri ces innovations de ce mot resté fameux désormais : les trois faux dogmes de 1789, c'est-à-dire la croyance à la perfection originelle de l'homme et la négation de la chute primitive, le droit permanent à l'insurrection et à l'infaillibilité personnelle, la croyance à l'égalité providentielle et à l'égalité absolue des hommes sur le terrain des droits concrets.

La date du centenaire n'a fait que confirmer l'appréciation de Le Play. Un parti a voulu faire de 1889 une apothéose solennelle de 1789. Mais de toutes parts l'esprit de critique se réveille et discute cette date mémorable. Des groupes, appartenant au parti qui s'intitule les conservateurs, tiennent sur tous les points du pays des assemblées provinciales où ils discutent sévèrement le mouvement social qui s'est opéré depuis. Au pôle opposé de l'opinion, les congrès socialistes, dont je vous parlais tout à l'heure, disent que 1789 n'a pas été un triomphe humanitaire, mais seulement le triomphe de la bourgeoisie, qui s'est mise depuis lors à opprimer systématiquement le prolétariat. La critique historique est aussi intervenue. M. Taine achève cette année le magistral ouvrage qui a exercé une si grande influence dans le monde entier sur les idées reçues relativement à cette époque. On peut dire aujourd'hui que désormais l'histoire a pris la place de la légende.

Permettez-moi de rappeler ici un mot de l'économiste éminent qui présidait l'année dernière notre réunion. M. Paul Leroy-Beaulieu analysant récemment un discours enthousiaste qu'un ministre, M. Yves Guyot, avait prononcé dans une ville du Midi, disait spirituellement :

« Ces éloges se sont trompés en grande partie d'adresse et, au lieu de viser la révolution de 1789 seule, ils auraient dû s'adresser à la vapeur... Si ce n'est pas à la vapeur qu'il offre son encens, il se trompe d'autel... L'œuvre politique de 1789 en France a échoué, c'est une déception absolue. La révolution de 1789 n'est pas parvenue, après un siècle d'efforts, d'essais, de tâtonnements de tous genres, à fonder un gouvernement (1). »

Ce jugement est bien l'opinion moyenne du pays. Si donc on voulait résumer les idées générales de la société française actuellement, on peut dire que le centenaire, au lieu d'un triomphe pour 1789, est plutôt l'occasion d'un vaste examen de conscience pour la nation !

(1) L'*Economiste français* du 21 mai 1889.

Malgré cela, la France est, par certains côtés, un des pays où le mal est peut-être le plus superficiel. Le Play l'a parfaitement indiqué : « En France, dit-il, les rapports du maître et de l'ouvrier sont moins altérés qu'en Angleterre par l'exagération du faux principe de l'offre et de la demande. En revanche, ils sont plus troublés par l'antagonisme qu'ont créé les abus de l'ancien régime et les révolutions du régime nouveau (1). »

En effet, Messieurs, en France, l'antagonisme social est en grande partie le contre-coup de nos révolutions politiques incessantes. Le Play avait un sentiment très élevé de la valeur de la tradition nationale, de l'importance de la constitution de la souveraineté dans le pays ; il y a consacré bien des pages de sa correspondance intime et cet admirable septième livre de la *Réforme sociale* qui est un véritable programme de gouvernement. Jamais l'indifférentisme politique ni une coupable désertion du devoir civique essentiel ne pourra s'autoriser de son nom ni de sa doctrine. Mais Le Play comprenait très bien qu'étant donné l'état troublé de notre société, il y avait un grand intérêt « à éviter les terrains brûlants sur lesquels s'accumulent, à notre époque, tant de luttes stériles, et à faire que l'enseignement de l'école de la paix sociale ne s'étendît pas sur les débats nationaux, politiques et religieux, qui divisent tant de gens dans notre pays (2) ». C'est donc pour leur fournir un terrain commun où les gens de bien pussent se réunir et, s'appréciant les uns les autres, arriver à dissiper quelques-uns de ces préjugés qui sont de si grands obstacles au rétablissement de la stabilité politique ; c'est pour atteindre ce grand but que Le Play a déterminé et circonscrit « les terrains sur lesquels les Unions de la paix sociale étendent leur activité ordinaire ».

Toutefois il ne faut pas s'endormir sur la constatation favorable que nous faisions tout à l'heure et penser que le mal social ne gagne pas ! La situation politique troublée du pays est par elle-même un mal qui a une répercussion très grande sur les fondements mêmes de la société. Au milieu de nos dissensions civiles, la question sociale va s'envenimant, elle prend en quelque sorte la société par dessous.

Avec sa grande sûreté de coup d'œil, Le Play a parfaitement compris que les conditions actuelles de l'industrie moderne ne comportaient plus les systèmes de l'ancien régime, qui reposaient sur les engagements forcés du travail. Il a, dans la *Réforme sociale*, examiné quelles avaient été les conséquences de l'abolition des

---

(1) *La Réforme sociale en France*, chap. 50, § 12.
(2) *Les Ouvriers européens*, 2ᵉ édit. t. I, p. 594

corporations, qui ne s'est pas produite en France seulement, par une révolution violente, mais dans toute l'Europe, et peu à peu, même dans les pays les mieux placés en dehors de l'action révolutionnaire. Examinant cette question avec sa haute impartialité il disait que l'abolition universelle des corporations de métiers avait été une nécessité et que malgré les maux du régime moderne, il serait puéril de vouloir songer à les reconstituer dans leurs formes juridiques et leur caractère économique d'autrefois. « On rétablirait, il est vrai, disait-il, la stabilité des existences, ce trait excellent du moyen âge, en revenant aux corporations fermées et aux engagements forcés. Mais ce retour au passé n'est pas désirable, car on détruirait en même temps la liberté du travail qui, malgré certains maux graves, mais guérissables, est une des rares supériorités de notre époque (1). »

Le Play était tellement convaincu de la nécessité de la liberté du travail, qu'il a contribué à la faire prévaloir sur un point important. C'est lui qui a fait échouer une tentative de restauration maladroite du régime des corporations qui s'était produite dans les industries de l'alimentation, et c'est à son influence qu'on doit l'établissement en 1860 de la liberté de la boulangerie et de la boucherie. Il a sans doute connu et prévu les difficultés locales et passagères que cette liberté, comme toutes les autres, pouvait occasionner; mais il a jugé avec raison qu'il y avait parmi les consommateurs des moyens assez efficaces pour suppléer utilement à un régime réglementaire plein d'inconvénients. (*Applaudissements.*)

L'idée de Le Play — et c'est la pensée dominante de la *Réforme sociale,* — était que le devoir de patronage qui existait au profit des classes riches, dans les régimes du travail où elles avaient la force politique entre les mains, et où leur supériorité sociale était sanctionnée par les lois, que ce même devoir du patronage doit s'exercer librement sous les régimes qui donnent à l'ouvrier la liberté civile et politique.

Sans doute, depuis l'abolition du servage, les classes ouvrières jouissaient en France, beaucoup plus qu'ailleurs, d'une grande somme de liberté civile et même de liberté sociale; car chez nous les mœurs étaient essentiellement faciles et bienveillantes. Cependant des conflits se produisaient parfois entre les travailleurs et les propriétaires. Des mesures administratives s'exerçaient alors en faveur des propriétaires, des chefs d'industrie. Il en était de même dans tous les autres pays; jusqu'en 1871, en Angleterre, le *master and servant act* a puni de l'emprisonnement l'ouvrier qui rompait à

(1) *La Réforme sociale,* chap. 46, § 7.

contretemps son contrat de travail, tandis qu'en pareil cas l'*employeur* n'était passible que de dommages-intérêts. Aujourd'hui encore, dans certaines provinces orientales de l'empire allemand, le domestique rural qui quitte son maître à contretemps est jeté en prison, tandis que le maître qui renvoie son ouvrier n'est tenu qu'à des dommages-intérêts.

Voilà l'esprit de l'ancienne législation, même dans des temps relativement récents, et dans un pays placé dans des conditions semblables aux nôtres, sous d'autres rapports. Toutes ces inégalités ont justement disparu. Aujourd'hui l'ouvrier a l'égalité politique, l'égalité civile, puisqu'il a en mains le droit de vote; mais il reste toujours une inégalité sociale qui impose à celui qui est placé plus haut dans l'échelle de la richesse des devoirs proportionnels à sa position. Ces devoirs sont ceux du « patronage libre et volontaire » qui doit donner à la société moderne « les résultats que nos pères obtenaient plus facilement du régime réglementaire. Pour atteindre librement ce but, ajoute Le Play, nous devons fonder l'agriculture et l'industrie manufacturière sur la famille souche et le patronage volontaire (1) ».

Ce patronage, qui s'impose à la richesse comme un devoir de conscience, le patronage volontaire a existé de tout temps sans être formulé d'une manière expresse, sans que la théorie en fût consignée par écrit; ce devoir en effet fait partie de la doctrine chrétienne, c'est le devoir de la richesse. Le Play a rencontré des exemples de ce patronage volontaire dans tous les pays; mais il a trouvé les plus beaux modèles dans les grands industriels de Mulhouse, qui, dans le milieu de ce siècle, ont uni au progrès industriel le soin et le souci persévérant de l'amélioration du sort de leurs ouvriers. Si vous voulez connaître cette belle histoire de Mulhouse, lisez le travail sur les institutions ouvrières de l'Alsace, que nous devons à M. Charles Grad, livre qui a ajouté une page au livre d'or de l'industrie française et que l'Académie des sciences morales et politiques a justement récompensé en agrégeant dans son sein notre éminent président. (*Applaudissements.*)

Depuis les écrits de Le Play, l'idée de patronage est allée toujours en se réalisant davantage pratiquement et en pénétrant les esprits. Nous avons le droit de le dire, Messieurs, la partie la meilleure et la plus saine de la société française, ce sont nos patrons de la grande industrie. Sous ce rapport, sans médire du passé, on peut dire que l'amélioration est constante, et que le progrès moral dans cette classe va sans cesse en se développant. De plus en

____

(1) *La Réforme sociale en France*, chap. 46. § 7.

plus, vous voyez les patrons se préoccuper, comme le dit
M. Aynard, président de la chambre de commerce de Lyon, dans
l'opuscule dont on vous lisait la conclusion au commencement
de cette séance, « de tempérer l'action des lois naturelles économiques par la bienveillance et le dévouement à leurs ouvriers ». (1)

Cette idée est devenue une vérité courante, et je salue ici
deux livres qui affirment d'une manière éclatante l'enseignement
de Le Play, l'un de notre confrère M. Charles Périn, l'illustre
professeur de l'Université catholique de Louvain, *le Patron, sa
fonction, ses devoirs, ses responsabilités.* l'autre, de M. Harmel,
intitulé *Le Catéchisme du patron*, admirable petit livre dont je ne
saurais trop recommander la lecture. En même temps que cette idée
est universellement adoptée dans la science, plusieurs institutions
s'efforcent de la propager pratiquement. Il m'est particulièrement
agréable de citer ici l'initiative prise par une grande institution
libre, l'Université catholique de Lille qui, pour la faire entrer dans
la pratique, a créé deux écoles, l'*École des hautes études industrielles* et l'*École des hautes études agricoles*. Bien des membres
des *Unions de la paix sociale* y apportent leur concours dévoué et
l'enseignement de la science sociale y est confié à l'un des disciples
les plus distingués de Le Play, notre excellent collègue, M. Béchaux.
(*Applaudissements.*)

Le jugement de Le Play sur les conditions du travail et sur la
valeur des institutions anciennes comparées aux institutions
modernes, est d'autant plus remarquable qu'il les a observées à
l'état vivant, alors que nous ne les connaissons plus aujourd'hui
en France, et dans toute l'Europe occidentale, que par des documents historiques. Le Play a pu observer le servage avec ses
diverses modalités en Russie; il a vu les corporations ouvrières
dans leur dernier état en Suède et en Autriche. Il y a dans le tome V
des *Ouvriers européens* un document d'un prix inestimable, c'est *la
monographie du compagnon menuisier de Vienne*, écrite en 1853. Dans
cette monographie Le Play décrit complètement le régime des
corporations ouvrières. Dès cette époque, ce régime était en pleine
décadence en Autriche; il ne fonctionnait plus que d'une manière
imparfaite, comme ne institution qui aurait été dépaysée en étant
transportée pour ainsi dire dans un monde où tout s'est renouvelé.
Le Play concluait ainsi : « Les nouvelles garanties doivent désormais être cherchées en dehors de cette antique organisation. Il n'y
a plus guère de convenance à maintenir cette impuissante organisation et à contrarier par des restrictions matérielles les sentiments

(1) *Lyon en* 1889, Introduction aux rapports d'économie sociale du comité
départemental du Rhône pour l'Exposition universelle, p. LXXV.

de liberté et l'esprit d'initiative qui forment l'âme de la nouvelle organisation industrielle (1). »

L'expérience a pleinement confirmé le jugement de Le Play sur l'inefficacité de ces antiques institutions pour procurer aux ouvriers de notre temps les bienfaits qu'elles leur assuraient autrefois.

Depuis une quinzaine d'années environ, un vent de réaction économique souffle sur toute l'Europe, par suite de causes qu'il serait trop long d'énumérer ici. Les principales sont les souffrances que la concurrence des pays neufs et le développement de nouveaux empires sur les points divers du globe font éprouver à nos vieux pays qui avaient cru que la prospérité des cinquante premières années de ce siècle devait durer toujours. — Quoi qu'il en soit, une loi du 15 décembre 1883 a rétabli les corporations de métiers dans l'empire d'Autriche. Les corporations de métiers sont désormais obligatoires, personne ne pouvant exercer le métier s'il ne fait partie de la corporation et ne se soumet à ses règlements ; c'est là une expérience extrêmement intéressante à suivre. Vous avez sans doute tous remarqué les excellents articles que M. Victor Brants a consacrés à la nouvelle législation industrielle de l'Autriche, dans les derniers numéros de *la Réforme sociale* (2). M. Victor Brants constate que le fonctionnement de ces institutions semble donner quelques satisfactions aux membres des nouvelles corporations, mais ces satisfactions consistent plutôt à voir triompher une opinion longtemps soutenue que dans la réalisation d'un bien positif. M. Victor Brants signale surtout avec une grande netteté le trait caractéristique du fonctionnement de ces institutions, l'intervention administrative constante qui se produit dans les moindres actes de leur vie. Il n'en peut pas être autrement. L'autre jour, précisément, dans la discussion si intéressante qui a suivi le beau travail de M. Charmettant sur les corporations ouvrières, un membre de la réunion a fait remarquer que du moment que les corporations étaient obligatoires, et que personne ne pouvait exercer un métier en dehors d'elles, en d'autres termes que la liberté du travail n'existait pas, il fallait bien qu'une autorité publique, l'autorité de l'État ou celle de la commune surveillât le fonctionnement de ces corporations pour protéger les intérêts du public. Or, ce qui prouve mieux que tous les raisonnements et toutes les appréciations contradictoires, que le fonctionnement des nouvelles corporations de métiers en Autriche n'a pas répondu au but que se proposaient leurs promoteurs, ce sont les plaintes incessantes, et les demandes d'une nouvelle législation qu'ils font constamment. J'ai ici sous les yeux les

(1) *Les Ouvriers Europ.*, t. V. p. 38. — (2) Cf. *La Réf. soc.*, 2ᵉ sér., t. VII, p. 165, 224, 341, 410.

vœux de l'*Assemblée des catholiques autrichiens* du mois de mai 1889.
Il y a des choses excellentes parmi leurs résolutions : j'aime à le dire
quoique, sur cette question particulière du régime légal de l'industrie, je ne partage point les idées qui ont prévalu dans cette assemblée. Les membres du congrès se plaignent de ce que les lois
qui ont rétabli les corporations sont très insuffisantes, et ils émet-
tent une série de vœux qui prouvent qu'il y a encore beaucoup plus
à faire pour réaliser leurs desiderata qu'il n'a été fait jusqu'ici. Ils
demandent notamment que les corporations échappent le plus
possible à la surveillance administrative. Voici leurs propres expres-
sions : « Que les droits de contrôle des corporations relativement
à l'entrée dans leur sein soient étendus, qu'elles aient notamment
le droit de s'opposer à la délivrance de la preuve de capacité et
qu'elles obtiennent le droit d'établir une seconde épreuve de capacité pour passer du degré de compagnon à celui de maître. » En
allant au fond des choses, ce vœu prouve que les promoteurs
du mouvement corporatif en Autriche ne se contentent pas d'avoir
des corporations obligatoires ; ils veulent leur donner le droit
de se fermer, de limiter le nombre de ceux qui arriveront, d'opposer
des obstacles à l'admission de nouveaux membres au profit de
ceux qui sont déjà logés dans ces petites places fortes.

Un autre vœu accentue davantage cette pensée. C'est celui « qu'il
soit fait ultérieurement défense par la loi d'employer des journaliers à la place d'artisans en transformant en grandes industries
mécaniques les industries susceptibles d'être exercées comme
métiers manuels. » Sans doute ce serait là une loi très avantageuse
pour les ouvriers qui ont déjà un métier et une position, mais alors
que fait-on de ces malheureux journaliers qui demandent à être
employés et à profiter de ces nouvelles situations que les progrès
scientifiques ouvrent devant eux. Ils sont rejetés dans une classe
inférieure et privés de leurs moyens d'existence ! Ah ! je le sais, il y
a bien des socialistes d'État allemands qui ne reculent pas devant le
retour à une pratique que Le Play signalait dans sa monographie,
le droit de la commune de consentir au mariage du compagnon ou
de le lui interdire ; mais les catholiques autrichiens, qui ont eu à
examiner cette question n'ont garde de donner dans cet excès. Ce
sont des fils sincères de l'Église et ils savent qu'elle a toujours fait
sur ce point une ferme opposition à ces odieux empiétements du
régime réglementaire. Cela prouve qu'un garde-fou est extrêmement utile aux gens qui seraient tentés de faire un saut dans les
ténèbres.

En examinant de plus en plus cette question, on voit très bien que
les difficultés de vivre pour les corporations résident dans le déve-

loppement de la grande industrie ; c'est la grande industrie qu'il faudrait aussi enserrer dans les organisations corporatives. L'*Assemblée des catholiques autrichiens* l'a compris. De là une série de vœux pour demander que «ceux qui font, dans les fabriques, des produits semblables à ceux des artisans soient réglementés quant à leur production, que la concurrence soit limitée à l'extérieur par des traités internationaux, à l'intérieur par des règlements de la production nationale. Cette réglementation doit reposer sur l'organisation de la grande industrie en corporations. L'organisation corporative de la grande industrie devra établir un *sage* rapport entre la production et la consommation. »

Un sage rapport ! mais, qui sera chargé de déterminer ce qui sera un rapport sage ? Ce seront en dernier ressort les autorités administratives !... En effet, comme but ultérieur de la législation sur le travail, l'Assemblée recommande qu'il y ait une obligation légale, quand on voudra établir une fabrique, de faire certaines preuves pour obtenir la permission de l'autorité administrative. Celle-ci ne devra accorder l'autorisation d'élever une fabrique nouvelle qu'après s'être assurée du fondement économique et des chances de maintien de l'entreprise, de l'irréprochabilité légale de l'entrepreneur et des chefs techniques de l'entreprise ; elle devra en outre s'assurer que la nouvelle entreprise, par des alternatives de travail et de chômage, ne laissera pas toute une partie de la population sans pain et sans travail dans certains moments.

Tout cela est fort beau ; malheureusement c'est impraticable. Cette sagesse administrative, qui doit maintenir un sage rapport entre la production et la consommation, qui doit examiner et se rendre un compte exact des chances de succès d'une entreprise déterminée, qui doit voir si elle est conçue sagement et raisonnablement, qui doit prévoir quelles seront ses alternatives de production et de chômages, quelle sera-t-elle ? Qui tranchera ces problèmes délicats où les industriels, sous leur responsabilité personnelle, sous l'aiguillon de leurs intérêts les plus intenses, se trompent quelquefois ? Ce seront ces sages que Fénelon avait vus à Salente, ce sont ces hommes vêtus de blanc qui jugeront avec une omni sagesse et une omni science !... Malheureusement la Salente de Fénelon, on l'a vue à l'œuvre pendant le xviiie siècle. C'étaient alors les commis des ministères qui jugeaient les questions industrielles, c'étaient eux qui accordaient ou refusaient l'établissement de nouvelles fabriques, l'exercice de certains métiers... Je ne sais, Messieurs, si les bureaucrates autrichiens auront jamais la sagesse et la capacité voulues pour juger ces questions si délicates, je n'ai aucune prévention contre les prétentions des bureaucrates autrichiens et de leurs amis; mais ce que je sais, c'est que je ne voudrais pas qu'on confiât ces fonctions aux préfets, sous-préfets ou chefs de bureaux de la République française!... (*Rires et applaudissements.*)

Or, Le Play avait parfaitement prévu la question qu'on pose aujourd'hui en Autriche et dans un passage caractéristique de la *Réforme sociale*, en présence des perturbations causées par la substitution aux métiers des entreprises de la grande industrie, il s'était demandé si on ne pourrait pas assimiler l'établissement des nouvelles manufactures à celui des hauts-fourneaux qui, à cette époque, étaient encore soumis à la nécessité d'une autorisation, si le Conseil d'État, par exemple, ne pourrait pas être amené à juger des chances d'utilité et de la convenance pour le bien général, de l'établissement de nouvelles entreprises. Or voici sa réponse : « Depuis cette époque, mon entrée au Conseil d'État m'a donné le devoir de prendre une part directe à l'exercice du pouvoir de réglementation de la loi de 1810; or, cette expérience, loin de me conseiller l'extension du système, m'a au contraire montré la convenance de le restreindre. J'ai mieux compris depuis lors pourquoi l'Europe occidentale, tout en souffrant des maux qu'entraîne l'instabilité des manufactures, semble répudier définitivement par sa pratique toute réglementation de ce genre....... Il est assurément dangereux que des spéculateurs imprudents arrachent des ouvriers à la vie rurale pour les accumuler dans les villes et les laisser bientôt dans le dénument, mais il est beaucoup d'autres faits non moins regrettables qu'il faut pourtant se garder d'interdire parce que le remède serait pis que le mal. Ainsi, on doit déplorer qu'il y ait tant de mauvais mariages, mais les choses iraient-elles mieux si l'autorité publique se chargeait d'assortir les époux (1)?... » (*Nouveaux applaudissements.*)

(1) *La Réforme sociale en France*, chap. 50. § XV. Tout en combattant par les faits contemporains et par l'autorité de Le Play toutes les velléités d'un retour au *régime corporatif* qui, comme l'entendent les socialistes de la chaire allemande repose essentiellement sur la suppression de la liberté du travail et sur la restauration de la réglementation industrielle par l'État, nous applaudissons respectueusement et cordialement aux grandes paroles par lesquelles le Saint-Père en recevant le pèlerinage ouvrier français « demande qu'on fasse revivre, au moins quant à la substance, dans leur vertu bienfaisante et multiple et sous telles formes que peuvent le permettre les nouvelles conditions des temps, ces corporations d'arts et de métiers, qui jadis, informées de la pensée chrétienne et s'inspirant de la maternelle sollicitude de l'Église, pourvoyaient aux besoins matériels et religieux des ouvriers, leur facilitaient le travail, prenaient soin de leurs épargnes et de leurs économies, défendaient leurs droits et appuyaient, dans la mesure voulue, leurs légitimes revendications. » — Nous avons indiqué les conditions dans lesquelles des corporations nouvelles pourraient se fonder dans notre ouvrage *Le Socialisme d'État et la Réforme sociale*, chapitre VIII, *Les Associations professionnelles catholiques et les sociétés coopératives de consommation*; chapitre IX, *L'Association des honnêtes gens sur le terrain des affaires*; Plus récemment dans le *Corres-*

Le patronage est avant tout le sentiment des devoirs moraux qu'impose au chef d'industrie sa position prééminente ; or, quand l'État prend à sa charge, ou rend obligatoire, ce qui s'équivaut dans la pratique, quand l'État impose par la voie de l'impôt la pratique de certains devoirs, il détruit le sentiment moral qui les inspire. Si le patronage des chefs d'industrie a disparu en Angleterre, la cause en est assurément à cette loi sur les pauvres dont le R. P. Forbes signalait les défauts dans notre avant-dernière soirée.

Une autre expérience s'est faite sous nos yeux, pour ainsi dire : vous savez que l'empire allemand a établi la triple assurance obligatoire à la charge des patrons, principalement ; les patrons doivent assurer les ouvriers contre les chances des accidents du travail. ils doivent supporter une part des chances de l'assurance obligatoire contre la maladie, et, il y a quelques jours à peine, le Reichstag, sous la pression du chancelier de fer, a voté cette loi dont M. Charles Grad nous a présenté un exposé si saisissant, cette loi qui établit pour douze millions d'ouvriers le droit à une pension de retraite en cas de vieillesse ou d'invalidité. Tous les risques de la vie du travailleur semblent ainsi couverts de par la loi. L'expérience démontrera ce que donnera cette dernière loi ; mais, depuis quatre ans, on peut voir le fonctionnement de la loi sur la responsabilité des accidents du travail.

Au premier moment on nous a dit — on en trouve la trace dans plusieurs articles de la *Réforme sociale* — que cette loi causait une satisfaction générale aux ouvriers et aux patrons... Que les patrons fussent satisfaits, je le crois bien : cela diminuait leurs charges !... Mais, tout à coup, en Westphalie sans qu'il y eut aucune cause de souffrance pour les mineurs, toute cette population s'est levée à un jour donné, comme un seul homme, elle s'est mise en grève, et cette grève s'est répandue comme une traînée de poudre sur tous les points de l'Allemagne ! Les grèves de Silésie, de Hambourg, d'Aix-la-Chapelle ont répondu à celle du bassin de la Ruhr.

Sont-ce les socialistes qui l'ont soulevée ? pas du tout. Ces populations sont très morales et fermement catholiques. Les ouvriers de Westphalie travaillent huit heures ou huit heures et demie, comme dans les mines françaises ; ils ont des salaires de trois francs à trois francs cinquante par jour, ce qui est très suffisant pour vivre ; le travail était continu... Mais l'ouvrier westphalien a été profondé-

pondant du 10 novembre 1889, nous avons cité comme un modèle la tentative d'organisation ouvrière créée par les grands industriels chrétiens du Nord parmi lesquels nous comptons beaucoup de membres des *Unions de la paix sociale* V. aussi, ci-dessus p. 508, le rapport de M. Charmetant sur les *Anciennes corporations de la soierie à Lyon et l'avenir du mouvement corporatif.*

ment froissé de ce que les compagnies, profitant des faveurs de toutes sortes que le gouvernement leur donnait, faveurs si bien décrites par M. Gruner dans le remarquable rapport qu'il a fait l'an dernier à notre Société, ont pu réaliser des bénéfices énormes sur le fer et sur la houille, sur la vente à la bourse de leurs actions, et ne voulaient pas augmenter d'un sou le salaire de leurs ouvriers. Non seulement les compagnies n'ont pas fait participer les ouvriers à la prospérité exceptionnelle de leur industrie, à cette prospérité qui tenait en grande partie à leur coalition ; mais encore les patrons de Westphalie ont abandonné sans pudeur les anciennes pratiques traditionnelles du patronage. Dans toutes les mines, encore aujourd'hui dans celles de France, il y a une pratique très avantageuse à l'ouvrier et essentiellement bienveillante : on lui donne tout le charbon nécessaire pour la consommation de sa famille, c'est une subvention qui augmente le salaire, et c'est aussi un bon procédé, de même qu'on donne à l'ouvrier boulanger toujours largement le pain qui lui est nécessaire. Il y a deux ans, M. Fèvre, dans sa monographie du mineur du bassin de la Ruhr (1), constatait que les patrons faisaient déjà payer le charbon aux ouvriers ; seulement on le leur faisait payer à un prix de faveur, au prix prétendu de revient. Or, l'*Economist* de Londres, dans une correspondance de Berlin du 14 mai 1889, nous apprend que les compagnies houillères de Westphalie, voyant le haut prix du charbon, ont supprimé cette faveur et se sont mises à faire payer le charbon au prix ordinaire du marché, à ce prix exorbitant obtenu par la coalition.

Devant ces faits, on s'explique très bien que les mineurs se soient soulevés, qu'il y ait eu un froissement profond de ces populations délicates et fières, quand elles ont vu que les patrons prétendaient se soustraire à ces traditions pendant qu'ils se vantaient d'accepter avec satisfaction les obligations que les lois d'assurance leur imposaient !

Voilà la grande leçon qui ressort des grèves de Westphalie... Il en ressort aussi une autre, et puisque je suis amené à parler de la constitution sociale de l'Allemagne, j'aime à rendre hommage au tact, au dévouement avec lequel le jeune empereur a su s'interposer entre les patrons et les ouvriers, exercer là une haute fonction d'arbitrage et empêcher la grève de devenir une véritable calamité sociale... Mais les conséquences qu'entraîne la substitution de l'Etat à l'accomplissement du devoir résultant d'un sentiment moral et de la conscience, vous les avez sous les yeux.

(1) *Ouvriers des deux mondes*, 2ᵉ série, 14ᵉ fascicule.

L'idée de patronage ne s'applique pas seulement aux chefs de la grande industrie. Cette idée est susceptible d'applications bien plus étendues ; car c'est, d'une manière générale, le sentiment et la pratique du devoir de conscience qui pèse sur *toute* personne ayant la puissance de la richesse et de la position, d'en faire usage en faveur de ceux que les circonstances ont placés plus ou moins sous sa dépendance. Le devoir du patronage se retrouve dans les rapports nés du métayage et de plusieurs autres contrats ruraux. Un grand nombre d'associations ouvrières, les corporations libres, les banques populaires, les sociétés coopératives de consommation, les associations rurales, les syndicats agricoles reposent souvent sur l'idée de patronage. Celles de ces associations qui réussissent le mieux le doivent au dévouement pratique de quelques hommes qui consacrent leur temps et leur capacité à mettre l'affaire en train et qui, en un mot, apportent plus à l'affaire commune qu'ils n'y trouvent d'avantages personnels.

Le Play faisait admirablement remarquer que le plus beau rôle du patronage était de mettre ceux qui se trouvaient patronnés à même de se guider par eux-mêmes, comme il convient à des citoyens. (*Applaudissements.*)

L'Exposition actuelle nous offre de bien beaux exemples ! Vous avez tous été visiter et avez admiré l'Exposition d'économie sociale ; vous avez vu, sur ces longues murailles, le tableau ranimé, peut-on dire, des œuvres de bien qui s'accomplissent de notre temps, et vous avez vu quelle somme de bien se fait dans notre société, quelle large part y ont les patrons... Et laissez-moi ici remercier publiquement notre éminent ami, M. Cheysson, pour la part qu'il a prise dans cette organisation, et le louer surtout d'en avoir fait son œuvre propre. (*Bravos.*) La pensée première qui avait inspiré l'exposition sociale, vous la connaissez. Il se trouvait à cette époque un ministre plus ou moins en rapport avec les socialistes, qui voulait, au sein de la grande Exposition, faire une exposition spéciale de tous les systèmes, de toutes les utopies socialistes. Eh bien, Messieurs, c'est à ce moment-là qu'avec l'autorité de son expérience, avec l'autorité surtout de son dévouement, notre ami est intervenu, qu'il a écarté tant de mal et qu'au lieu de cette pensée malsaine il a réalisé une pensée éminemment généreuse, la pensée de son illustre maître Le Play, quand, en 1867, il faisait instituer le nouvel ordre de récompenses pour les ateliers de travail où règnent le bien-être, la stabilité et l'harmonie. Vingt-deux ans après, M. Cheysson a le mérite d'avoir montré que le bien dans notre société l'emporte, en somme, sur le mal. (*Vifs applaudissements.*)

Pour que le patronage s'exerce, il faut, avant tout, que les classes supérieures soient morales. « Les patrons les plus intelligents, a écrit Le Play, comprennent que pour réussir dans cette partie de leur tâche, propager chez leurs ouvriers la connaissance de l'ordre moral et le respect de la famille, ils sont, avant tout, tenus de donner le bon exemple à leurs subordonnés. Secondés par le ministre du culte, par l'instituteur et par divers auxiliaires, ils s'appliquent à inculquer aux âmes le respect de la religion. Malgré de persévérantes recherches, je n'ai pu découvrir une seule localité où l'on ait atteint ce but sans le secours d'un culte public. J'ai même entendu dire à d'anciens libre-penseurs qu'ils ont échoué tant qu'ils ont négligé ce secours : d'où il résulte que le devoir du patronage est pour un homme éclairé la meilleure réfutation pratique du scepticisme (1). »

C'est pour cela que Le Play, dans sa doctrine, donne une si grande place à la réforme morale des classes élevées ; c'est pour cela qu'il voulait que le foyer de ces familles fût fécond, qu'il se transmît régulièrement, et que l'autorité paternelle fût forte afin de plier la jeunesse au travail et à la vertu. Il affirmait que, sans la réforme morale des hautes classes, jamais rien ne se ferait pour le salut des classes placées dans une situation inférieure. Ce sentiment de la responsabilité des hautes classes est absolument indispensable, c'est l'idée fondamentale de la réforme.

Malheureusement, une expression employée par Le Play a donné lieu à un emploi abusif de la part des personnes ou qui n'ont jamais lu son œuvre complète, ou qui, l'ayant lue superficiellement, ne l'ont pas comprise, c'est l'expression de *classes dirigeantes*. Quand il s'en est servi pour désigner les classes supérieures de la société, il a constaté un fait, c'est qu'il y a cent ans, la noblesse et les familles en possession des hautes charges judiciaires dirigeaient la société, quoique depuis une génération elles se laissassent elles-mêmes diriger par les livres des encyclopédistes, dont elles dévoraient les œuvres malsaines... Il y a cinquante ans encore, les personnes vouées aux professions libérales dirigeaient plus ou moins politiquement la France. Cette situation a aujourd'hui profondément changé et, actuellement, il n'est personne qui, par cela seul qu'il a une naissance, qu'il a une richesse plus grande qu'un autre, puisse, par voie d'autorité, déterminer le vote de qui que ce soit. Il n'y a plus ni grand seigneur qui dispose du vote de son valet de chambre, ni patron qui puisse, par autorité simplement, faire voter son ouvrier comme il l'entend ; ils peuvent encore les diriger, mais

____

(1) *Réforme sociale*, ch. 50, § 11.

à la condition d'avoir de bonnes raisons, ou tout au moins le prestige d'une vie honorable qui inspire la confiance. En un mot, il n'y a plus de classes dirigeantes ; mais il y a partout des hommes qui dirigent les autres, car très peu de personnes se déterminent réellement par elles-mêmes et c'est une loi de notre nature que les pensées des hommes réagissent des uns sur les autres. Les dirigeants effectifs, ce sont les hommes qui ont l'énergie de la volonté et le dévouement à une idée, bonne ou mauvaise. Il y a des dirigeants à tous les degrés de l'échelle sociale : on les trouve dans une classe, on les trouve dans l'autre. Malheureusement, beaucoup sont de mauvais dirigeants. Il n'y a plus de classes dirigeantes dans l'acception que l'on a donnée trop souvent à ce mot et, comme le disait un de nos confrères, M. de la Rive, dans ses belles conférences sur *le Péril social et le devoir actuel* (1). « Ce terme est propre à faire naître beaucoup de défiances et de rancunes. Qui voudrait consentir en effet, par le temps de démocratie qui court, à faire partie de la *classe dirigée !* » Voilà le mot de la situation. N'employons donc pas cette expression de classes dirigeantes, si ce n'est dans le sens historique que lui a donné Le Play ; disons-nous bien qu'aujourd'hui il n'y a plus de classes dirigeantes, qu'il n'y a que des hommes dirigeants, suivant leur valeur et leur capacité.

Mais, s'il n'y a pas de classes dirigeantes, n'y a-t-il pas toujours des classes responsables ? Ah ! voilà la vérité. Il y a toujours des hommes qui, par suite de leur naissance, par leur position, par leur culture intellectuelle, ont une supériorité sur les autres ; ces hommes-là, en tant que classes, ont une responsabilité à laquelle ils ne peuvent se soustraire ; ils ont la responsabilité de l'usage qu'ils font de cette puissance ; ils ont aussi la responsabilité des sentiments de mépris et d'antagonisme qu'excite chez ceux qui sont placés autour d'eux le contraste de leur situation avec la stérilité de leur vie. (*Nouveaux applaudissements.*)

Voilà, Messieurs, ce qu'a fait Le Play sur le courant des idées contemporaines. Et maintenant, voyons quelle direction va nous donner la doctrine et surtout l'esprit de notre illustre maître pour résoudre les nouveaux problèmes que fait surgir sans cesse le mouvement social contemporain.

II

Il n'y a rien de nouveau sous le soleil, a dit le sage, et quand on étudie les documents les plus autorisés qui sont mis à la disposition

(1) Un vol. in-12, Genève, Trembley, édit. Paris, Palmé.

des hommes qui veulent réfléchir, on voit que la question sociale, dans ses termes essentiels, est toujours restée la même. Vous n'avez qu'à ouvrir les livres inspirés de Salomon, et vous y trouverez que Salomon a vu des esclaves en carrosse et des seigneurs à pied, qu'il a vu le riche dur et le pauvre orgueilleux, deux choses abominables. Au fond, l'humanité a toujours été la même moralement, et dans un certain sens, la question sociale s'est toujours posée de la même manière. Mais, la complication des conditions matérielles de l'existence est si grande dans ces sociétés modernes que Le Play a appelées, par opposition aux sociétés d'autrefois, des sociétés compliquées, que sans cesse des questions d'application surgissent à l'état de questions nouvelles et exigent toute notre attention, tout notre dévouement pour les résoudre. C'est pour cela, Messieurs, que pendant que la Société d'économie sociale maintient toujours, selon la volonté de son fondateur, un enseignement supérieur destiné à la fois à développer les classifications scientifiques et l'admirable terminologie fixées par lui, ainsi qu'à former des personnes capables de faire des monographies, pendant que la Société d'économie sociale considère comme un de ses devoirs le maintien de cet enseignement qui est dispensé par des maîtres habiles sous la direction de notre éminent confrère M. Focillon, la Société est toujours prête à discuter toutes les questions nouvelles. Elle appelle à ses séances tous les hommes de bonne volonté qui peuvent lui apporter avec une pensée sincère des observations loyalement faites. J'indiquerai rapidement quelques-unes des questions nouvelles que le mouvement social contemporain nous a amenés à traiter. Notre publication périodique est remplie de travaux à leur sujet; mais nous avons aussi pour les étudier un recueil incomparable dans les travaux de la Commission d'enquête du travail en Belgique.

La Belgique, permettez-moi de le dire, s'était un peu endormie dans la paix dont elle jouit; elle avait, au milieu de l'émulation de ses luttes politiques, perdu peut-être trop de vue les questions sociales et était restée en arrière de la France sous ce rapport. Mais quand, par suite des circonstances, elle s'est réveillée, on a pu voir quelle ressource offraient au pays les disciples que Le Play y avait formés. C'est l'un d'eux, M. le chevalier de Moreau d'Andoy, qui, étant ministre de l'agriculture, de l'industrie et des travaux publics, a institué cette grande *Commission royale du travail*, qui a produit une enquête si remarquable, où ont été passées en revue toutes les questions sociales à l'ordre du jour. Cette Commission a fait voter un petit nombre de lois. Nous devons la louer d'avoir été réservée en fait d'interventions législatives et de n'avoir fait voter que des lois excellentes. Son plus grand résultat a été de soulever dans tout le pays une admirable émulation pour le bien, en sorte qu'à l'heure actuelle c'est à nous à aller en Belgique et à apprendre à marcher sur les traces de nos amis. (*Bravos.*)

Vous entendiez ce matin M. Albert Le Play et M. de Garidel vous parler de la crise agricole, et vous voyiez quelles ressources l'application intelligente du métayage peut procurer pour la solution de cette crise ou au moins pour permettre de passer les temps difficiles pendant lesquels elle sévit. Vous entendiez tout à l'heure également notre cher secrétaire général, M. Delaire, vous signaler les travaux qui ont été accomplis sur la question de savoir s'il n'y aurait pas lieu d'introduire en France quelque chose d'analogue à l'institution américaine qui assure la stabilité des petits domaines, les *homestead exemption laws*.

Mais non moins urgentes sont les nécessités sociales qui naissent des grandes agglomérations urbaines toujours croissantes. En France, nous accusons quelquefois la centralisation politique d'être la cause du développement excessif des villes; mais les villes italiennes, allemandes, anglaises, se développent comme les villes françaises. En Suisse et en Amérique, où il n'y a pas de centralisation politique, l'accroissement des populations urbaines est beaucoup plus rapide que celui de l'ensemble de la population. Nous sommes donc là en présence d'un fait moderne général et irrésistible qui rend inefficaces bien des institutions du passé et qui exige les efforts constants de tous les gens de bien.

Vous avez applaudi cet hiver M. Léon Lefébure quand il est venu vous signaler, avec la chaleur d'âme d'un chrétien généreux et la sagesse pratique d'un homme de gouvernement, le grand danger qui résultait de l'éparpillement des forces de la charité, de la dissémination des efforts des gens de bien, et quand il vous a démontré la nécessité de réduire la misère qui croît comme la grandeur des villes!... Tous aussi, Messieurs, nous nous associons aux efforts de cet admirable homme de bien que vous applaudissiez dans notre première séance, de M. Georges Picot, pour créer en faveur de l'ouvrier des villes des habitations économiques, le rendre propriétaire là où cela est possible et là où l'on ne peut lui donner la propriété de son foyer, au moins lui rendre possible une existence salubre et morale. Il faut recourir à tous les moyens, essayer de tout; il faut que les patrons, quand ils le peuvent, prennent eux-mêmes en main la construction des habitations ouvrières; il faut constituer des sociétés philanthropiques, qui, assurant au capital sa légitime rémunération, donnent aux ouvriers des habitations saines et décentes. Le bon marché des logements ne sera pas une cause de perte pour ces associations, car il leur assurera des locataires stables et solvables. Il faut que les caisses d'épargne, que les monts-de-piété, les bureaux de bienfaisance sachent employer leurs capitaux à cette œuvre; les subventions même des municipalités ne sont pas à repousser pourvu qu'elles s'exercent judicieusement. Il faut, en une pareille matière, que tout le monde s'y mette pour détruire dans la mesure du possible ce mal envahissant, et arriver à Paris à assurer des logements convenables aux 26,000 familles ouvrières qui en ont trouvé à Londres dans ces dernières années.

Il y a, parmi les œuvres qui appellent l'activité des gens de bien, une distinction à faire. Les unes créent entre leurs membres un rapprochement de vie continuel et les constituent, suivant une expression scientifique, à l'état de communautés. Ces œuvres-là doivent être parfaitement homogènes; il faut que leurs membres aient tous la même croyance, les mêmes doctrines morales. Les corporations libres, par exemple, ne peuvent à mon sens faire de bien qu'à la condition d'être fondées absolument sur les sentiments religieux; elles doivent avoir un prêtre à leur tête, et être en réalité des confréries. Je dis très nettement ma pensée : Toute corporation qui ne sera pas chrétienne, et elle ne peut l'être qu'en étant libre, ne peut être que malfaisante, parce que la corporation crée une communauté de vie morale et matérielle et que tout dépendra de son principe intérieur.

Mais il y a une foule d'œuvres philanthropiques dont l'objet est de donner à l'homme qui souffre la satisfaction de ses besoins matériels, de fournir du pain à ceux qui ont faim ou l'hospitalité de la nuit à ceux qui sont sans abri, de replacer la famille dans des conditions de vie salubre et décente, base de sa restauration morale. Toutes ces œuvres-là, qui se bornent à satisfaire ces besoins matériels, ces besoins élémentaires plus ou moins urgents, les hommes de toutes les croyances, de toutes les opinions doivent s'unir cordialement pour les soutenir. La parabole du Bon Samaritain n'est-elle pas là pour nous montrer combien ces unions de tous les hommes de bonne volonté sont agréables à Dieu ? (*Bravos prolongés.*)

La question des accidents du travail est une de celles qui ont le plus préoccupé la Société d'économie sociale. C'est une question en quelque façon nouvelle, parce que le grand développement des forces hydrauliques et surtout des moteurs mus par la vapeur et l'électricité a multiplié de nos jours les accidents du travail. Autant qu'on peut résumer les opinions qui se sont produites dans nos réunions, il y a quelque chose à faire dans notre législation, mais à la condition de faire sagement, de ne pas vouloir faire trop grand. On s'est encore plus préoccupé chez nous de la nécessité de prévenir les accidents que de les réparer quand ils se sont produits. Il y a dans les archives de notre Société des documents d'un prix très grand sur cette question.

La lutte contre l'alcoolisme est aussi une lutte qui appelle les efforts de tous les hommes de bien. L'alcoolisme sera peut-être un des traits caractéristiques du XIXᵉ siècle, quand l'histoire, se plaçant à distance, donnera à chaque siècle sa physionomie distinctive. Nos amis de Belgique ont promis de faire beaucoup. Il y a eu sur cette question des rapports remarquables dans la Commission de travail. Nous avons dit ailleurs les bons résultats qu'un système de fiscalité intelligent a pu obtenir aux Etats-Unis pour supprimer ce fléau. Il y a deux ans, nous entendions un de nos membres, que malheureusement nous ne voyons plus au milieu de nous, l'excellent M. Broch, nous dire par quels moyens le fléau de l'alcoolisme avait reculé dans la Norvège, son pays natal. En rappelant ce souvenir, je salue encore une fois la mémoire de cet homme de bien. (*Applaudissements.*)

Voilà, Messieurs, un champ très grand et très large à ouvrir à l'intervention de l'Etat. Sur ce terrain, il faut développer sa puissance d'action, de manière à satisfaire ceux qui souhaitent pour lui dans nos temps une activité plus grande. (*Vive approbation.*)

Nous voulons aussi maintenir et défendre la petite industrie exercée au foyer domestique partout où cela est possible. La petite industrie peut se maintenir, non pas par un retour à des institutions surannées, mais par le groupement de toutes les forces vives, pa des sociétés d'achat et de vente en commun... Une multitude d'institutions de ce genre peuvent soutenir et maintenir efficacement les métiers et être l'aliment de l'activité des corporations libres.

Nous désirons la liberté des fondations en faveur des associations ouvrières ; nous souhaitons de voir se multiplier les patrimoines corporatifs. L'expérience nous apprend, et la discussion si intéressante qui a suivi la communication de M. Charles Grad sur la loi allemande relative aux pensions de retraite, l'a encore montré, que la capitalisation s'exerçant sur des sommes colossales, sur des nombres énormes d'ouvriers, était un leurre ; mais, parce que la capitalisation ne peut pas s'exercer indéfiniment et au moyen de l'impôt au profit de tous, il n'en est pas moins vrai que la capitalisation d'épargnes et la fondation de fonds de prévoyance, alimentés par des libéralités, peut donner des résultats féconds au profit d'un groupe déterminé, dans des proportions raisonnables, comme il convient à toutes les choses humaines.

La difficulté du patronage se montre malheureusement très grande dans les sociétés anonymes. Elles se développent rapidement, non pas seulement en France, mais en Angleterre et en Allemagne. C'est là encore un phénomène général commun à toute la civilisation occidentale. Or, dans les sociétés anonymes, où se trouve la responsabilité? Les ouvriers n'ont plus en leur présence un homme vivant; ils ont au-dessus d'eux, une mystérieuse puissance, le capital qui a besoin d'avoir des dividendes à répartir, dans les rapports journaliers, ils ont à traiter quelquefois avec les ingénieurs, plus souvent avec des subalternes ou des contremaîtres. Des populations ouvrières considérables se trouvent engagées dans ces conditions au service des grandes compagnies... Comment le patronage s'exercera-t-il? C'est là une question capitale qui doit être étudiée sous toutes ses faces.

D'abord, une remarque préalable est à faire. Sans doute, dans les sociétés anonymes l'ouvrier ne rencontre pas toujours la même bienveillance individuelle, le même soin de ses intérêts qu'il trouverait de la part d'un patron qui l'aurait vu naître, connaîtrait ses aïeux et le suivrait dans toute sa vie. Cependant, il est une compensation à cela : de puissantes sociétés anonymes peuvent seules continuer à travailler à perte pendant plusieurs années, et maintenir le cadre du travail. Des faits récents, qui se sont produits en Allemagne, en Belgique, en France, montrent combien cette forme d'organisation de l'industrie a entraîné pour le capital de sacrifices prolongés dont la main-d'œuvre a surtout profité. Mais, cette réflexion faite, il faut convenir qu'il y a énormément à faire pour appliquer la notion du patronage aux sociétés anonymes.

Il faut d'abord apprendre aux actionnaires la responsabilité morale que la forme de la société anonyme laisse peser sur eux et leurs devoirs dans les assemblées générales. Dans ces derniers temps, de fécondes et utiles initiatives ont été prises dans les assemblées générales de nos grandes compagnies de chemins de fer. Il faut aussi que les ingénieurs se pénètrent des devoirs qu'ils ont à remplir dans l'exercice du mandat qui leur est confié ; il faut aussi qu'ils apprennent, comme le dit admirablement M. Harmel dans son *Catéchisme du patron*, à connaître et respecter les légitimes coutumes des ateliers. Heureusement, et c'est une grande satisfaction pour nous que de le constater, cet enseignement est donné dans une grande école de l'Etat, dans l'Ecole des mines, par un de nos collègues dont le nom vous est une garantie que l'enseignement même de Le Play passe fidèlement par sa parole. Puisse cet enseignement être établi dans nos autres grandes écoles industrielles ! (*Approbations.*)

Il faut multiplier peut-être aussi des corps intermédiaires entre les ingénieurs et les masses ouvrières. Ainsi M. Harmel, dans l'usine du Val-des-Bois, maintient la paix parmi ses ouvriers en organisant des associations religieuses. Dans une entreprise qui paraît animée de principes généraux assez différents, dans les usines et les exploitations houillères de Mariemont et de Bascoup (Belgique), un ingénieur, M. Weiler, a organisé des conseils, élus par les ouvriers, qui servent d'intermédiaires dans certains cas entre ceux-ci et la direction. Dans l'avant-dernier numéro du *Journal des Économistes*, nous avons lu un récit montrant de quelle utilité ces conseils avaient été dans une crise récente pour faire disparaître des préjugés et éteindre des conflits menaçants.

Une question à l'ordre du jour est celle qui concerne les lois protectrices du travail, c'est la charge excessive de travail pour la femme, pour l'enfant, pour l'ouvrier de l'usine dans certains cas, et aussi pour cette industrie domestique où quelquefois de malheureuses femmes s'exténuent pendant de longues heures sur des travaux de couture insuffisamment rétribués. Il y a là quelque chose à faire, et il faut le faire.

Disciples de Le Play, nous n'avons point d'idées préconçues. Le Play n'a cessé d'affirmer que la liberté devait être seulement le moyen à employer, suivant les conditions sociales, pour réaliser le bien. Le véritable point de départ de la science sociale, c'est la distinction du bien et du mal. Le régime de liberté, employons-le là où il peut assurer la plus grande somme de bien ; si la liberté se montre impuissante à réprimer les manifestations du vice originel qui émergent constamment de la nature humaine corrompue et qui ont commencé par la chute de notre premier père, recourons à la loi, mais dans la limite où elle ne fait pas plus de mal que de bien. L'histoire nous montre qu'il n'y a pas de contrats juridiques qui, à un moment donné, ne puissent être employés pour opprimer le faible : autrefois, c'était le prêt à intérêt, puis est venue la vente à crédit. Plus tard, ce sont ces retenues sur les salaires, suivant un système que l'on connaît bien en Angleterre et en Amérique, mais qu'on ne connaît pas, heureusement, en France. La France est le pays où l'on peut, avec le plus de calme, examiner la question de la protection du travail. Nous avons deux raisons pour cela. La France est le pays où il y a le moins d'abus en matière de travail ; je ne dis pas qu'il n'y ait pas d'abus, mais c'est en France où le travail est le plus respecté. L'abus se produit plutôt en sens contraire. Dans certaines villes, à Paris, notamment, il y a une tendance à diminuer les heures de travail au delà de ce qui est raisonnable. Puis, la France a été un des premiers pays à adopter des mesures protectrices en faveur de la femme et de l'enfant. C'est en 1841, par l'initiative des économistes. de Villermé et de Blanqui, que ces dispositions protectrices ont été introduites dans notre code et ont passé dans nos mœurs.

Sans doute, il y a toujours à faire en matière de législation économique, parce que les rapports se modifient incessamment ; mais enfin, chez nous, la question est assurément beaucoup moins urgente qu'elle ne l'est dans d'autres pays. Cependant, la France a été invitée, par le gouvernement suisse, à prendre part à une conférence diplomatique qui doit se réunir à Berne au mois de septembre dans le but de provoquer un accord international sur le repos du dimanche, le travail des femmes, le travail des enfants, et peut-être même, car il y a quelques variations dans les divers documents qui se sont succédé, sur la durée de la journée de travail pour les adultes (1).

Nous espérions un moment avoir au milieu de nous M. Decurtins, qui a été un des promoteurs de cette mesure devant le Conseil national. Malheureusement, les hommes politiques suisses ont à ce moment certains embarras et n'aiment pas à voyager. Au moins, ils ne peuvent pas dire que c'est la France qui vient troubler leur repos. (*Vifs applaudissements.*) Nous aurions attaché d'autant plus de prix à la présence de M. Decurtins, pour discuter cette question, que, précisément, je la trouve portée à l'ordre du jour des deux congrès socialistes dont je vous parlais tout à l'heure ; c'est un des objets subsidiaires, un des moyens pour arriver à l'établissement de l'Internationale, que les marxistes et les possibilistes viennent étudier à Paris. Quand des personnes appartenant à des courants d'idées aussi divers que M. Decurtins, d'une part, et, d'autre part, les disciples de Karl Marx poursuivent le même but, il y a certainement un malentendu sur le fond des choses. En l'absence de M. Decurtins, je ne puis être que très réservé ; mais il me semble qu'il y a une grande difficulté à établir une législation internationale à laquelle chaque État serait soumis, qui ferait disparaître les barrières nationales et qui arriverait, c'est là son but, au moins en ce qui touche l'emploi des forces ouvrières, à supprimer la concurrence de pays à pays.

Cette loi est impraticable, car les conditions du travail varient suivant les pays ; elles ne sont pas les mêmes en Italie et en Angleterre ; il est naturel que les ouvriers qui sont dans les campagnes travaillent plus longtemps que ceux qui sont dans les villes. Il n'est pas à souhaiter que les différences qui existent dans les différents

(1) Cette conférence a dû être ajournée au printemps prochain.

pays disparaissent. D'ailleurs cette loi comporterait évidemment des dispenses, et il faudrait que chaque pays réservât à son autorité le droit de les accorder. En Autriche et en Allemagne, l'autorité administrative dispense si souvent de l'application des mesures protectrices qui ont déjà été votées, que l'exception est beaucoup plus fréquente que la règle. Ce serait absolument une duperie pour les nations loyales que d'établir une prétendue législation internationale, unifiant les conditions du travail dans tous les pays. Il n'y a qu'une législation qui soit vraiment internationale, c'est la législation qui prescrit le repos du dimanche, et pourquoi celle-là est-elle internationale? C'est que ce n'est pas une législation humaine, mais une législation divine. (*Vifs applaudissements.*)

Mais, si l'établissement d'une législation internationale est difficile et même impraticable, autre chose est, par la réunion de représentants des différents pays, de rappeler au sentiment de la justice et du devoir les peuples qui ont été trop portés à s'endormir, qui, comme l'Allemagne et comme l'Autriche, laissent souvent faire des journées de seize et dix-huit heures dans plusieurs industries. Il peut être utile, pour répandre certaines idées morales, de provoquer une grande conférence internationale ; c'est, j'imagine, la pensée que poursuit notre éminent collègue M. Decurtins. Cette idée généreuse, cette initiative humanitaire est bien digne de la Suisse à laquelle nous devons déjà la grande œuvre de la Croix-Rouge. (*Nouveaux applaudissements.*)

Je termine en vous rappelant que, par-dessus les solutions diverses que Le Play nous a indiquées, il nous a légué quelque chose de plus précieux encore : son esprit, et sa méthode de travail. Ah! il voulait le bien, le bien effectif, le bien sans phrases, puis-je dire !... Une des idées les plus fécondes qu'il ait exprimées est celle du mal que fait dans notre société l'abus des mots vagues et indéterminés, de ces mots de liberté, d'égalité, de démocratie, de progrès, avec lesquels les hommes se trompent les uns les autres, mots qui sont la dissimulation de la pensée par tout ce que le langage peut avoir de captieux. Malheureusement, ce mal a fait encore plus de progrès depuis l'époque où écrivait Le Play ! A chaque instant, au fur et à mesure que la question sociale devient plus aiguë, et prend plus de place dans les préoccupations publiques, on voit les politiciens s'en mêler, faire de grands discours et compromettre les questions les plus délicates en y touchant. C'est là peut-être un des vices les plus apparents de notre époque.

Il y a treize ou quatorze ans, un ministre tombé du pouvoir, après avoir promis d'exterminer l'hydre de l'anarchie, s'en allait piteusement ment compromettant les honnêtes gens qui l'avaient suivi ; l'un d'eux s'en vengeait spirituellement en disant : Nous avions cru que c'était un caractère, ce n'était qu'une attitude !... Quelques années plus tard, un autre ministre étant à la tribune, avec une expression que les Anglais qualifieraient de shoking, disait qu'il s'était mis en posture !. . Eh bien, Messieurs, tout tourne de notre temps plus ou moins à l'attitude, à la posture. Ce ne sont dans la discussion des questions sociales que déclamations oratoires et attitudes de parti qui ne peuvent que compromettre les intérêts populaires les plus légitimes. Dans la vie privée, qu'est-ce qui fait la sûreté des rapports et la confiance? c'est de faire toujours plus qu'on ne dit, et de tenir plus qu'on ne promet. Imposer cette règle aux députés qui sont à la tribune, aux candidats qui sollicitent les suffrages dans les meetings électoraux serait peut-être trop; mais nous pouvons du moins leur demander de ne promettre que ce qu'ils croient pouvoir réaliser s'ils arrivent au pouvoir. Les grandes déclarations humanitaires, qui ne peuvent jamais être réalisées, sont une insulte à une douleur sacrée, et ceux qui tiennent ce langage exaspèrent des plaies saignantes et outragent les souffrances populaires par des promesses qu'il ne dépend ni d'eux ni de personne de réaliser. (*Vive approbation. Bravos prolongés.*)

Parler le moins possible, ne pas se livrer à la déclamation, faire un petit nombre de lois sur des points précis qui peuvent donner un effet utile et surtout faire beaucoup d'œuvres pratiques de bien par l'action des honnêtes gens, chacun sur le terrain où il a sa responsabilité engagée, et en s'unissant sans arrière-pensée sur les terrains où tous peuvent se rencontrer loyalement; *res non verba*, voilà la méthode de Le Play, la méthode que ses disciples doivent s'efforcer de toujours suivre. (*Applaudissements répétés.*)

CLAUDIO JANNET.

Paris. — Imprimerie F. Levé, rue Cassette, 17

SOCIÉTÉ INTERNATIONALE D'ÉCONOMIE SOCIALE

La Société, fondée par Le Play, s'est constituée le 27 novembre 1856, pour remplir le vœu exprimé par l'Académie des sciences, en couronnant l'ouvrage intitulé les *Ouvriers européens*. Elle applique à l'étude comparée des diverses constitutions sociales la méthode d'observation, dite des monographies des familles. Elle reproduit les monographies les plus remarquables dans le recueil intitulé les *Ouvriers des deux Mondes*, et publie le compte rendu *in extenso* de ses séances dans la *Réforme sociale*, bulletin de la *Société d'économie sociale et des Unions*.

La *Société d'Economie sociale* se compose de *Membres honoraires* versant une cotisation de 100 fr. par an, au minimum, et de *Membres titulaires* payant 20 fr. L'un et l'autre de ces deux prix donnent droit à recevoir la *Réforme sociale*, qui est adressée à tous les Membres deux fois par mois, le 1ᵉʳ et le 16; et les *Ouvriers des Deux Mondes* qui paraissent par fascicules trimestriels.

LES UNIONS DE LA PAIX SOCIALE

Les *Unions* ont pour but de propager et de mettre en pratique les doctrines de l'*Ecole de la paix sociale*. Elles sont réparties par petits groupes en France et à l'étranger. Leur action s'exerce par l'intermédiaire de CORRESPONDANTS locaux.

Les membres sont invités à transmettre au secrétariat général les faits qu'ils ont pu observer autour d'eux, ou les renseignements qui sont parvenus à leur connaissance. Ces communications sont, suivant leur importance, mentionnées ou reproduites dans la *Réforme sociale*.

Les *Unions* se composent de membres *associés* et de membres *titulaires*. Les membres *associés* versent une cotisation annuelle de 12 fr. (14 fr. pour l'étranger), qui leur donne droit à recevoir deux fois par mois la *Réforme sociale*, bulletin de la *Société* et des *Unions*. Les *membres titulaires* concourent plus intimement aux travaux qui servent de base à la doctrine des *Unions* ; ils payent, outre la cotisation annuelle , un droit d'entrée de 10 francs au moment de leur admission, et reçoivent, en retour, pour une *valeur égale* d'ouvrages choisis dans la *Bibliothèque de la paix sociale* et livrés au prix de revient. Pour être admis dans les *Unions de la paix sociale*, il faut être présenté par un membre, ou adresser directement une demande d'admission au Secrétaire général, boulevard Saint Germain, 174, à Paris. Les noms des membres nouvellement admis sont publiés dans la *Réforme sociale*.

LA RÉFORME SOCIALE

Bulletin de la Société d'Économie Sociale
et des Unions de la Paix Sociale.

Les personnes étrangères aux deux Sociétés peuvent s'abonner aux conditions suivantes :

FRANCE : Un an 15 fr.; Six mois 8 fr. | EUROPE : Un an 18 fr.; Six mois 10 fr.

Hors d'Europe : le port en sus.

Les abonnements partent du 1ᵉʳ de chaque mois

CHAQUE LIVRAISON : 80 CENTIMES